BEI GRIN MACHT SICH IHR WISSEN BEZAHLT

- Wir veröffentlichen Ihre Hausarbeit, Bachelor- und Masterarbeit

- Ihr eigenes eBook und Buch - weltweit in allen wichtigen Shops

- Verdienen Sie an jedem Verkauf

Jetzt bei www.GRIN.com hochladen und kostenlos publizieren

GRIN

Jens-Holger Otto

Die Selbstverwaltung als Ordnungsprinzip der gesetzlichen Krankenversicherung

GRIN Verlag

Bibliografische Information der Deutschen Nationalbibliothek:

Die Deutsche Bibliothek verzeichnet diese Publikation in der Deutschen National-
bibliografie; detaillierte bibliografische Daten sind im Internet über http://dnb.d-
nb.de/ abrufbar.

Impressum:

Copyright © 2005 GRIN Verlag GmbH
Druck und Bindung: Books on Demand GmbH, Norderstedt Germany
ISBN: 978-3-638-81201-6

Dieses Buch bei GRIN:

http://www.grin.com/de/e-book/76222/die-selbstverwaltung-als-ordnungsprinzip-
der-gesetzlichen-krankenversicherung

FACHHOCHSCHULE BRAUNSCHWEIG/WOLFENBÜTTEL

Fachbereich Gesundheitswesen – Krankenversicherungsmanagement

Die Selbstverwaltung als Ordnungsprinzip der Gesetzlichen Krankenversicherung

Referat

Von:

Jens-Holger Otto

15.04.2005

Abbildungsverzeichnis

1. Einleitung

Unser Sozialstaat hat viele Stärken. Eine der wichtigsten ist die Selbstverwaltung der Sozialversicherungen. Bereits bei der Gründung der Sozialversicherungen in den achtziger Jahren des 19. Jahrhunderts wurde die Selbstverwaltung als Organisationsprinzip festgelegt. Damals wie heute stand die Idee dahinter, durch eine dezentrale Verwaltung der Versicherungsträger die Verantwortung und Steuerung in die Hände derjenigen zu legen, die durch das umfangreiche Sicherungssystem geschützt werden sollen. Dies sind zum einen die Arbeitnehmerinnen und Arbeitnehmer, die gegen die Wechselfälle des Lebens abgesichert werden und zum anderen die Arbeitgeber, die auf der Grundlage sozialen Friedens Planungssicherheit erhalten. Entsprechend wird die Sozialversicherung in der Bundesrepublik Deutschland nicht durch eine allgemeine staatliche oder kommunale Verwaltung ausgeführt, sondern von eigenständigen Verwaltungen mit besonderem Charakter und einer eigenen Rechtspersönlichkeit. Wesentliche Kennzeichen sind die Unabhängigkeit gegenüber staatlichen Behörden und die Einbindung der Beitragszahlerinnen und -zahler in den Verwaltungs- und Entscheidungsprozess. Das Organisationsprinzip der sozialen Selbstverwaltung beruht, wie auch die Mitbestimmung, die Vermögensbeteiligung der Arbeitnehmerinnen und Arbeitnehmer und die Tarifautonomie, auf dem Prinzip der sozialen Partnerschaft. Der demokratische Gedanke der „Regierung durch die Regierten" bildet die Grundlage für die Einbeziehung von Arbeitnehmer- und Arbeitgebervertretern in die Verwaltungstätigkeit der Sozialversicherungsträger. Ihre Lebenserfahrungen und Verbindungen zu den verschiedenen Bevölkerungsgruppen sollen in die Entscheidungen über die soziale Sicherheit einfließen.[1]

In der vorliegenden Arbeit wird das der Gesetzlichen Krankenversicherung immanente Ordnungsprinzip der Selbstverwaltung dargestellt. Nach einer geschichtlichen Einführung und Begriffsbestimmung wird die organrechtliche Organisation der Selbstverwaltung der Gesetzlichen Krankenkassen (GKV) in Aufbau, Zusammensetzung und Aufgabe insbesondere in der Innensicht der Versicherungsträger

---

[1] DGB; Soziale Selbstverwaltung – dabei sein, wenn entschieden wird; DGB; März 2004

auf regionaler und überregionaler Ebene mit der neuen, zum 01.10.2005 geltenden Rechtslage, dargestellt. Insbesondere wegen der dieses Jahr stattfindenden Sozialwahlen, aber auch wegen der eingetretenen und zum 01.10.2005 eintretenden Änderung der Selbstverwaltung in der GKV nimmt dieses Thema eine aktuelle Bedeutung ein. Danach wird ein Paradigmenwechsel vorgenommen. Sowohl die Organisation des GKV-Systems als selbstverwaltete mittelbare Staatsverwaltung, als auch die Aufgaben für die Bevölkerung werden, wenn auch nur kurz, angesprochen.

2. Begriff der Selbstverwaltung

Der Gedanke der Selbstverwaltung ist eng verknüpft mit dem Wunsch nach Selbstbestimmung des Einzelnen. Damit einher geht das allgemeine Streben nach politischer, menschlicher und sozialer Freiheit. Das sprachliche Pendant zur Selbstverwaltung bildet der Begriff der Verwaltung durch andere, also durch den Staat und seine Behörden. Nur wo es staatliche Verwaltung gibt, macht der Begriff Selbstverwaltung Sinn, nämlich als Gegenstück, mit dem bestimmte Bereiche ausgegrenzt und vor direktem staatlichen Zugriff geschützt werden. In Bezug auf die GKV kennzeichnet das Selbstverwaltungsprinzip vor allem die rechtliche Selbstständigkeit gegenüber der unmittelbaren Staatsverwaltung.[1]

Das Selbstverwaltungsprinzip stellt im rechtstechnischen Sinne die mittelbare Staatsverwaltung dar.[2]

Sofern die Gestaltung der Rechtsverhältnisse zwischen Versicherten und Krankenkasse zur Debatte steht, kann man von äußerer Selbstverwaltung sprechen. Hingegen kann der Bereich der Selbstorganisation (Organisation-, Finanz-, Personal- und Planungswesen) der inneren Selbstverwaltung zugeordnet werden.[3]

Das Ordnungsprinzip folgt verschiedenen Prinzipien:[4]

1.) dem Subsidiaritätsprinzip, wonach staatliche Gewalt soweit wie möglich durch kleine, bürgernahe Einheiten ausgeübt werden soll;
2.) dem Prinzip der Partizipation, d.h. der ehrenamtlichen Beteiligung der Versicherten und Arbeitgeber an der Selbstverwaltung in der GKV;
3.) Dem Prinzip der vertikalen Gewaltenteilung, d.h. der Aufteilung der Staatsgewalt nicht nur horizontal auf Parlament, Exekutive und Judikative, sondern auch auf verschiedene hierarchische Ebenen, die eine Machtbegrenzung bewirkt;
4.) Dem Prinzip des Pluralismus, das sich im Zusammenwirken von Arbeitgebern, Gewerkschaften und sonstigen Versichertenvereinigungen in der Selbstverwaltung der Krankenversicherung verwirklicht.

---

[1] D. Leopold; Die Selbstverwaltung in der Sozialversicherung, Asgard-Verlag; 5. Auflage; S. 49
[2] D. Leopold; Die Selbstverwaltung in der Sozialversicherung, Asgard-Verlag; 5. Auflage; S. 55
[3] Ebd.; S. 53
[4] Ebd.; S. 53

Das Sozialgesetzbuch enthält keine Definition des Begriffs Selbstverwaltung, umschreibt aber in § 29 ihre entscheidenden Kriterien:

1.) Rechtliche Selbständigkeit (Selbstverwaltung im Rechtssinne, Abs. 1)
2.) Mitwirkung der Betroffenen (ehrenamtliche Selbstverwaltung, Abs. 2 sowie § 40 Abs. 1 Satz 1)
3.) Ausgliederung aus der allgemeinen Staatsverwaltung und Einräumung selbständiger Entscheidungsbefugnisse in eigener Verantwortung (materielle Selbstverwaltung, Abs. 3).

Die Selbstverwaltung in der Sozialversicherung ist in ihrem Kernbestand verfassungsrechtlich durch Art. 87 Abs. 2 GG gedeckt. Das SG Stuttgart hat mit Beschluss vom 26.9.1986 - S 6A 165/85 - der Selbstverwaltung in der Sozialversicherung eine verfassungsrechtlich geschützte Garantie zugesprochen.[1]

---

[1] BMGS; Die Selbstverwaltung und ihre Aufgaben;
http://www.bmgs.bund.de/deu/gra/ministerium/beauf/5060.cfm; Stand 25.04.2004

7

3. Die geschichtliche Entwicklung der Selbstverwaltung in der GKV

Das Ziel der sozialen Sicherheit wird in den europäischen Staaten mit unterschiedlichen Organisationsformen der Sozialleistungsträger verfolgt. Die verschiedenen Wege, die zum gleichen Ziel führen, sind vor allem durch die geschichtliche Entwicklung in den jeweiligen Ländern bestimmt. So ist auch die Organisation der Gesetzlichen Krankenversicherung weniger rational als historisch bedingt.[1]

Es erfolgt ein kurzer historischer Überblick über die Entwicklung der Selbstverwaltung in der GKV.

3.1. Hilfskassengesetz vom 07. April 1876[2]

Auch wenn den „eingetragenen Hülfskassen" eine weitgehende Organisationsfreiheit zugestanden wurde; sie mussten eine Generalversammlung und einen Vorstand haben. Letzterer vertrat die Kasse nach Maßgabe der Statuten gerichtlich und außergerichtlich. Die Überwachungsfunktion über den Vorstand oblag grundsätzlich der Generalversammlung. Aufgrund der Konzeption der Hilfskassen als sehr kleine Einrichtungen, sowie der geringen Finanzausstattung wurden die Aufgaben ehrenamtlich in reiner Selbstverwaltung wahrgenommen. Diese gesetzgeberische Idee zur Krankenversicherungsselbstverwaltung sollte die Arbeiter zur „verantwortlichen Teilnahme an sozialen Reformen" erziehen.

3.2. Die kaiserliche Botschaft von 1881[3]

Die Geburtsurkunde der gesetzlichen Krankenversicherung. Infolge der kaiserlichen Botschaft entstand eine Sozialgesetzgebung in Form einer öffentlich-rechtlichen

---

[1] Robert W. Seegmüller, Der hauptamtliche Vorstand der gesetzlichen Krankenversicherung, Erich Schmidt Verlag, S. 18
[2] Ebd.
[3] Abbildung der Kaiserlichen Botschaft von 1881; http://www.baua.de/dasa/arbeitswelt.pdf Stand 26.05.2005

8

Zwangsversicherung. Das System der Selbstverwaltung durch Arbeitnehmer und Arbeitgeber setzte sich aufgrund der guten Erfahrungen mit den Hilfskassen durch.[1]

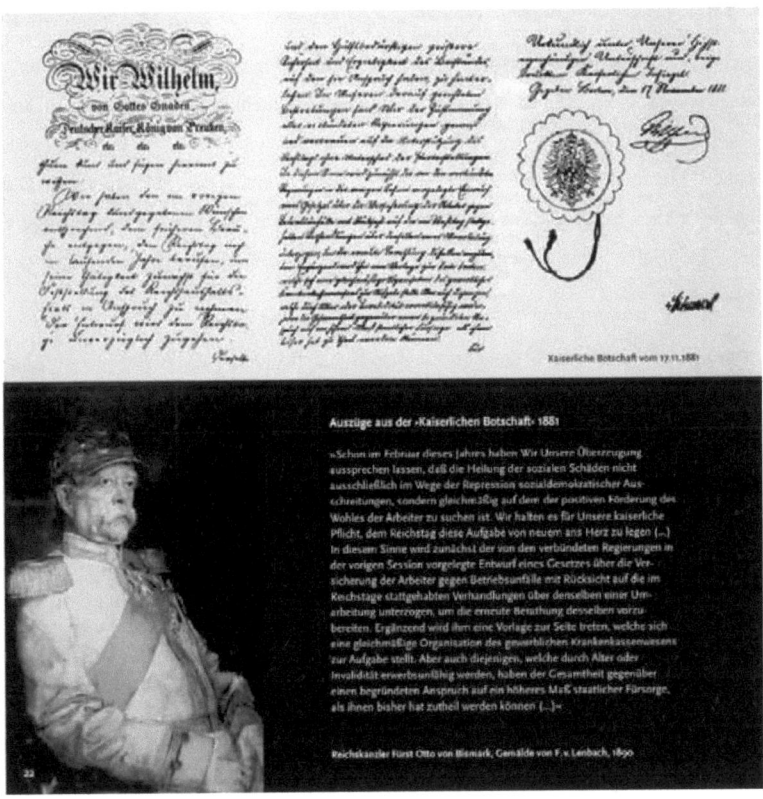

Abbildung 1; Kaiserliche Botschaft von 1881; Quelle unbekannt

3.3. Krankenversicherungsgesetz von 1883 und seine Novelle aus 1892

Es wurde klargestellt, dass die Organe der Kassen Vorstand und Generalversammlung sind. Der Vorstand nahm die laufende Verwaltung nach Maßgabe der Statuten wahr. Er war ehrenamtlich und unentgeltlich tätig; nur ein Auslagenersatz für Verdienstausfall

---

[1] D. Leopold; Die Selbstverwaltung in der Sozialversicherung, Asgard-Verlag; 5. Auflage; S. 81/82

war vorgesehen. Der Generalversammlung oblag die Aufsichtsfunktion.[1] Beiden Einrichtungen gehörten als Mitglieder die Versicherten bzw. Vertreter der Versicherten an. Die Arbeitgeber erhielten das Recht einer angemessenen Vertretung. Mehr als ein Drittel der Stimmen, was ihrem Beitragsaufkommen entsprach, hatten sie allerdings in keinem der beiden Selbstverwaltungsorgane.[2] Die Aufgaben der Selbstverwaltung konnten wegen ihres öffentlich-rechtlichen Charakters nicht an einen hauptamtlichen Geschäftsführer übertragen werden. Zulässig war nur eine jederzeit widerrufliche, gesondert kenntlich zu machende „Beauftragung" eines Geschäftsführers. Die Hilfskonstruktion umging das Gebot der Selbstverwaltung und führte erst viele Jahre später in Folge zur Weiterentwicklung der rechtlichen Organisation der Krankenkassen.[3]

3.4. Die Reichsversicherungsordnung (RVO)vom 19.11.1911

Die RVO fasste in mehreren Büchern die Regelungen des Sozialversicherungssystems zusammen. In den Grundvorschriften waren über Verfassung und Verwaltung Regelungen enthalten. Damit hatten Krankenkassen, als Ausfluss des am 01.Januar 1900 in Kraft getretenen BGB, Rechtsfähigkeit erlangt. Sie erhielten die Stellung als Körperschaft öffentlichen Rechts und waren forthin selbständige juristische Person. Dadurch bedurften sie eine gesetzliche Vertretung – den Vorstand, der sie gerichtlich und außergerichtlich vertrat und im Innenverhältnis verwaltete. Daneben bestand ein zweites Selbstveraltungsorgan – der Ausschuss, dessen Aufgaben u.a. auch die autonome Rechtsetzung war. Gewählt wurden die Organe auf vier Jahre nach den Grundsätzen der Verhältniswahl. Die Selbstverwaltungsorgane setzten sich aus Vertretern der Versicherten und Arbeitgebern zusammen. Grundsätzlich erhielten die Arbeitgeber ein Drittel der Mandate entsprechend ihres Beitragsaufkommens. Bei Betriebskrankenkassen hatte der Arbeitgeber die Hälfte der Stimmen.[4]

[1] Robert W. Seegmüller, Der hauptamtliche Vorstand der gesetzlichen Krankenversicherung, Erich Schmidt Verlag, S. 19/20
[2] D. Leopold; Die Selbstverwaltung in der Sozialversicherung, Asgard-Verlag; 5. Auflage; S. 55
[3] Robert W. Seegmüller, Der hauptamtliche Vorstand der gesetzlichen Krankenversicherung, Erich Schmidt Verlag, S. 19/20
[4] Vgl. D. Leopold; Die Selbstverwaltung in der Sozialversicherung, Asgard-Verlag; 5. Auflage; S. 85-87

3.5. Drittes Reich

Zu umfangreichen Änderungen im Bereich der Selbstverwaltung in der GKV kam es während der nationalsozialistischen Ära in den Jahren von 1933 bis 1945. Mit dem „Gesetz über den Aufbau der Sozialversicherung" wurde die ehrenamtliche Selbstverwaltung beseitigt. Fortan wurden staatlich bestellte Kommissare eingesetzt, welche die Aufgaben des gesamten Vorstandes und des Ausschusses übernahm. Ein Beirat mit staatlich bestellten Mitgliedern stand dem Kommissar unterstützend und beratend zur Seite – allerdings ohne Durchsetzungskraft.[1]

3.6. Regierungserklärung von Dr. K. Adenauer am 20. September 1949

Adenauer setzte sich in seiner Rede für die Wiedereinführung der sozialen Selbstverwaltung mit den Worten ein: "Die Selbstverwaltung der Sozialpartner muss an die Stelle staatlicher Bevormundung treten."

3.7. Selbstverwaltungsgesetz vom 22. Februar 1951

Nach dem Ende des Zweiten Weltkrieges wurden auch in der Sozialversicherung die im „Dritten Reich" beseitigten demokratischen Verhältnisse allmählich wiederhergestellt. 1951 trat in der Bundesrepublik das **„Selbstverwaltungsgesetz"** in Kraft, das in der Folgezeit mehrfach geändert wurde. Die ersten Sozialwahlen nach dem Krieg fanden 1953 statt. In den siebziger Jahren erfolgten dann weitere Änderungen, die ihren Abschluss mit dem Inkrafttreten des Vierten Buchs des Sozialgesetzbuchs (**SGB IV**) am 1.7.1977 fanden. Das „SGB IV – Gemeinsame Vorschriften für die Sozialversicherung" löste das Selbstverwaltungsgesetz ab. Im SGB IV sind alle Regelungen für die Selbstverwaltung der gesetzlichen Krankenversicherung zusammengefasst.[2]

---

[1] Ebd. S. 91-93
[2] BMGS; Organisation und Selbstverwaltung; http://www.bmgs.bund.de/downloads/u_soz_r_02OrganisationSelbstverwaltung.pdf; Stand 26.06.2005

3.8. Gesundheitsstrukturgesetz (GSG) vom 21. Dezember 1992

Mit dem GSG nahm der Gesetzgeber Einfluss auf die bisherige Organstruktur der ehrenamtlichen Selbstverwaltung und die hauptamtliche Verwaltung der Krankenkassen (Vertreterversammlung, Vorstand, Geschäftsführung). Mit Beginn des Jahres 1996 besteht bei den AOK'en, BKK'en, IKK'en sowie bei den EK'en ein einziges ehrenamtliches Selbstverwaltungsorgan – dem Verwaltungsrat. Diesem nebengestellt wirkt ein vom Verwaltungsrat gewählter hauptamtlicher Vorstand.[1] Gleiches gilt für die Verbände der o.g. Kassenarten.[2]

Da die landwirtschaftliche Krankenkasse, die See-Krankenkasse sowie die Bundesknappschaft als Krankenversicherungsträger keine eigenständigen Organe besitzen, gilt diese Neuregelung des GSG nicht.[3] Sie wirkt sich jedoch auf die Selbstverwaltungsorgane der Verbände aus.[4]

---

[1] Vgl. D. Leopold; Die Selbstverwaltung in der Sozialversicherung, Asgard-Verlag; 5. Auflage; S. 104

[2] Vgl. §§ 209 und 215 SGB V v. 20.12.1988 in SGB V; Beck-Texte im dtv, 30. Auflage

[3] Anm. Verfasser: Hier nehmen ehrenamtlicher Vorstand und Vertreterversammlung des Sozialversicherungsträgers, bei denen die jeweilige Krankenkasse als Abteilung eingerichtet ist, die Aufgaben der sozialen Selbstverwaltung war.

[4] Vgl. D. Leopold; Die Selbstverwaltung in der Sozialversicherung, Asgard-Verlag; 5. Auflage; S. 133

4. Bildung und Errichtung der Selbstverwaltung

4.1. Organisation der GKV

Zuständig für die Leistungsgewährung und -erbringung der gesetzlichen Krankenversicherung sind die Orts-, Betriebs-, und Innungskrankenkassen, die See-Krankenkasse, die landwirtschaftlichen Krankenkassen, die Ersatzkassen sowie die Deutsche Rentenversicherung Knappschaft Bahn See (ab 01.10.2005; vormals Krankenversicherung der Bundesknappschaft)[1].

Die Träger der Krankenversicherung als Teil der Sozialversicherung sind rechtsfähige Körperschaften des öffentlichen Rechts mit Selbstverwaltung.[2]

4.2. Organisation der Selbstverwaltung

4.2.1. Selbstverwaltungsorgane in der GKV

Das Sozialgesetzbuch VI bezeichnet als Selbstverwaltungsorgane der Sozialversicherungsträger die Vertreterversammlung und den Vorstand. Während die Vertreterversammlung als oberstes Organ des Versicherungsträgers ihrem Wesen und ihrer Funktionsverteilung nach gleichsam das Legislativ- und Kreationsorgan darstellt und Rechtsetzungsbefugnis – insbesondere Satzungsrecht – besitzt sowie den Vorstand und den Geschäftsführer wählt, kommt dem ehrenamtlichen Vorstand die Rechtstellung eines Exekutivorgans zu.[3] Mehr zu den Aufgaben folgt in einem späteren Kapitel. Seit dem 01.01.1996 besteht bei den AOKen, BKKen, IKKen und Eken nur noch ein Selbstverwaltungsorgan[4], der Verwaltungsrat.[5] Dieser nimmt die Aufgaben der o.g. Vertreterversammlung wahr und ist somit das Legislativorgan der Krankenkasse, das

---

[1] SGB; Beck-Texte im dtv; § 21 SGB IV; Stand: 32. Auflage aus 2005
[2] SGB; Beck-Texte im dtv; § 29 I SGB IV; Stand: 32. Auflage aus 2005
[3] D. Leopold; Die Selbstverwaltung in der Sozialversicherung, Asgard-Verlag; 5. Auflage; S. 132
[4] Anm. des Verfassers: Der hauptamtliche Vorstand ist kein Selbstverwaltungsorgan der GKV, wohl aber ein Organ der Selbstverwaltungskörperschaft. Vgl. hierzu auch D. Leopold; Die Selbstverwaltung in der Sozialversicherung, Asgard-Verlag; 5. Auflage; S. 246
[5] Vgl. SGB; Beck-Texte im dtv; § 31 IIIa SGB IV i.V.m § 35a I SGB IV; Stand: 32. Auflage aus 2005

generell alle Entscheidungen zu treffen hat, die für die Krankenkasse von grundsätzlicher Bedeutung sind.[1] Soweit das Sozialgesetzbuch Bestimmungen über die Vertreterversammlung oder deren Vorsitzenden trifft, gelten diese auch für den Verwaltungsrat oder dessen Vorsitzenden. [2] Dies gilt auch für die bei den AOKen, BKKen und IKKen zu bildenden Landesverbände.[3]

Die landwirtschaftliche Krankenkasse, die See-Krankenkasse sowie die knappschaftliche Krankenversicherung haben keine eigenständigen Organe. Sie bedienen sich der Selbstverwaltungsorgane der Versicherungsträger, bei denen sie errichtet sind.[4]

Einheitlich für alle Träger der GKV wird auf der Ebene der Bundesverbände der GKV je ein Verwaltungsrat als Selbstverwaltungsgremium eingerichtet.[5]

Kassenart	Selbstverwaltungsorgan	Organleihe *)
AOK	Verwaltungsrat	Nein
BKK	Verwaltungsrat	Nein
IKK	Verwaltungsrat	Nein
Ersatzkassen	Verwaltungsrat	Nein
See-Krankenkasse	Vertreterversammlung und Vorstand	Ja, See-Berufsgenossenschaft
LKK	Vertreterversammlung und Vorstand	Ja, landw. Berufsgenossenschaft
knappschaftl. Krankenkasse	Vertreterversammlung und Vorstand	Ja, DRV-Knappschaft-Bahn-See

*) Gesetzesstand ab 01.10.2005

Abbildung 2; Selbstverwaltungsorgane der Krankenversicherungsträger,

eigene Darstellung

4.2.2. Zusammensetzung und Größe der Selbstverwaltungsorgane

Während sich früher das Verhältnis, in dem Versicherte und Arbeitgeber in den Selbstverwaltungsorganen vertreten waren, ausschließlich nach dem Verhältnis ihrer Beitragsanteile richtete, gilt seit Inkrafttreten des Selbstverwaltungsgesetzes

---

[1] D. Leopold; Die Selbstverwaltung in der Sozialversicherung, Asgard-Verlag; 5. Auflage; S. 133
[2] Vgl. SGB; Beck-Texte im dtv; § 33 III 2 SGB IV; Stand: 32. Auflage aus 2005
[3] Vgl. SGB; Beck-Texte im dtv; § 209 SGB V i.V. m. § 207 SGB V; Stand: 32. Auflage aus 2005
[4] Vgl. SGB; Beck-Texte im dtv; § 32 SGB IV und § 167 SGB V; Stand: 32. Auflage aus 2005
[5] Vgl. SGB; Beck-Texte im dtv; § 215 SGB V i.V.m. § 209 SGB V; Stand: 32. Auflage aus 2005

grundsätzlich das Prinzip der paritätischen Besetzung der Selbstverwaltungsorgane. Auch das heutige Sozialgesetzbuch IV sieht dies grundsätzlich weiterhin vor.[1]

Die o.g. Selbstverwaltungsorgane setzten sich zusammen:[2]

1) grundsätzlich je zur Hälfte aus Vertretern der Versicherten und der Arbeitgeber,
2) bei der landw. Berufsgenossenschaft (und somit für die LKK) aus je einem Drittel aus Vertretern der versicherten Arbeitnehmer, der Selbständigen ohne fremde Arbeitskräfte und der Arbeitgeber,
3) bei den Ersatzkassen aus Vertretern der Versicherten
4) bei den Betriebskrankenkassen aus Vertretern der Versicherten sowie der Arbeitgeber bzw. aus Arbeitgebern, für den bzw. die die Betriebskrankenkasse besteht. Der oder die Arbeitgeber haben die gleiche Anzahl Stimmen wie die Vertreter der Versicherten. Für geöffnete BKKen gilt lfd. Nr. 1.
5)

Kassenart	Versicherte	Arbeitgeber	Selbständige ohne fremde Arbeitskräfte
AOK	1/2	1/2	
BKK	1/2	1/2 *)	
IKK	1/2	1/2	
Ersatzkassen	1/1		
See-Krankenkasse	1/2	1/2	
LKK	1/3	1/3	1/3
knappschaftl. Krankenkasse	1/2	1/2	

*) Wahrnehmung durch den/die Träger-Arbeitgeber, bzw. der "versicherten Arbeitgeber" bei Öffnung

Abbildung 3; Zusammensetzung der Selbstverwaltungsorgane; eigene Darstellung

In der GKV, also bei den AOKen, BKKen, IKKen und Eken, hat der seit 01.01.1996 existierende Verwaltungsrat höchstens 30 Mitglieder, welche sich je zur Hälfte aus Vertretern der Versicherten und Arbeitgeber rekrutieren. Das Bundesversicherungsamt als Aufsichtsbehörde bundesunmittelbarer Krankenkassen hat dementsprechend eine Richtlinie[3] zur Bestimmung der angemessenen Größe des Verwaltungsrates erlassen.

Danach wird die Größe des Verwaltungsrates gem. der folgenden Tabelle bestimmt.

---

[1] Vgl. D. Leopold; Die Selbstverwaltung in der Sozialversicherung, Asgard-Verlag; 5. Auflage; S. 165
[2] Vgl. SGB; Beck-Texte im dtv; § 34 SGB IV und § 167 SGB V; Stand: 32. Auflage aus 2005
[3] Vgl. Schreiben des BVA an bundesunmittelbare Träger der GKV v. 22.07.1994, Az. I 2-4927.4-1758/92

Krankenkasse		EKen	IKKen		BKKen	
		Versicherte	Versicherte	Arbeitgeber	Versicherte	Arbeitgeber
klein	bis 5000 Mitglieder	4-10	2-5	2-5	2-5	1
mittel	bis 50000 Mitglieder	11-20	6-10	6-10	6-10	1
groß	über 50000 Mitglieder	21-30	11-15	11-15	11-15	1
		Max: 30 Mitglieder	Max: 30 Mitglieder		15+1=30 Stimmen	

Abbildung 4; Bestimmung der Größe des Verwaltungsrates; Tabelle BVA[1]

16

[1] Ebd.

4.3. Sozialversicherungswahlen

Im Hinblick auf die Organisation der *Kranke*nversicherungsträger stellen Wahlrecht und Wählbarkeit das vornehmste Recht und die wichtigste Pflicht für die an der *Krankenversicherung* Beteiligten dar.[1]

4.3.1. Wahlrecht

Das SGB IV knüpft an das aktive Wahlrecht bestimmte Voraussetzungen, die an dem in der Wahlausschreibung bestimmten Tag – Stichtag für das Wahlrecht – erfüllt sein müssen.[2]:

1) Vollendung des 16. Lebensjahres
2) Zugehörigkeit zu einer der Gruppen, aus deren Vertreter sich die Selbstverwaltung des Versicherungsträgers zusammensetzt
3) Wohnung, gewöhnlicher Aufenthalt oder regelmäßiger Beschäftigungsort bzw. Tätigkeit in einem Staat[3], in dem die EWG-Verordnung Nr. 1408/71 anzuwenden ist.

Wahlberechtigt ist nicht,[4]

1.) wer infolge Richterspruchs das Wahlrecht nicht besitzt,
2.) derjenige, für den zur Besorgung aller seiner Angelegenheiten ein Betreuer nicht nur durch einstweilige Anordnung bestellt ist; dies gilt auch, wenn der Aufgabenkreis des Betreuers die in § 1896 Abs. 4 und § 1905 des Bürgerlichen Gesetzbuchs bezeichneten Angelegenheiten nicht erfasst,
3.) wer sich auf Grund einer Anordnung nach § 63 in Verbindung mit § 20 des Strafgesetzbuches in einem psychiatrischen Krankenhaus befindet.
4.) soweit dies in der Satzung geregelt ist, derjenige der seine fälligen Beiträge nicht bezahlt hat.

---

[1] Vgl. D. Leopold; Die Selbstverwaltung in der Sozialversicherung, Asgard-Verlag; 5. Auflage; S. 139
[2] Vgl. SGB; Beck-Texte im dtv; § 50 I SGB IV; Stand: 32. Auflage aus 2005
[3] Artikel 2 VO EU 1408/71 Persönlicher Geltungsbereich
(1) Diese Verordnung gilt für Arbeitnehmer und Selbständige, für welche die Rechtsvorschriften eines oder mehrerer Mitgliedstaaten gelten oder galten, soweit sie Staatsangehörige eines Mitgliedstaats sind oder als Staatenlose oder Flüchtlinge im Gebiet eines Mitgliedstaats wohnen, sowie für deren Familienangehörige und Hinterbliebene.
(2) Diese Verordnung gilt ferner für Hinterbliebene von Arbeitnehmern oder Selbständigen, für welche die Rechtsvorschriften eines oder mehrerer Mitgliedstaaten galten, und zwar ohne Rücksicht auf die Staatsangehörigkeit dieser Arbeitnehmer oder Selbständigen, wenn die Hinterbliebenen Staatsangehörige eines Mitgliedstaats sind oder als Staatenlose oder Flüchtlinge im Gebiet eines Mitgliedstaats wohnen.
(3) Diese Verordnung gilt für Beamte und die ihnen nach den anzuwendenden Rechtsvorschriften gleichgestellten Personen insoweit, als für sie die Rechtsvorschriften eines Mitgliedstaats gelten oder galten, auf welche diese Verordnung anzuwenden ist.
[4] Vgl. SGB; Beck-Texte im dtv; § 50 II u. III SGB IV; Stand: 32. Auflage aus 2005 sowie Bundeswahlgesetz (BWG) in der Fassung der Bekanntmachung vom 23. Juli 1993 (BGBl. I S. 1288, 1594), zuletzt geändert durch Artikel 11 Nr. 2 des Gesetzes vom 30. Juli 2004 (BGBl. I S. 1950); § 13 BWG

4.3.2. Wählbarkeit

Die Voraussetzungen für das passive Wahlrecht, also die Wählbarkeit, zu den Organen der Selbstverwaltung sind solche allgemein staatsbürgerlicher wie auch sozialversicherungsrechtlicher Art und im SGB IV abschließend geregelt. Sie müssen am Tag der Wahlankündigung vorliegen. Dabei sind die sozialversicherungsrechtlichen Voraussetzungen für Versicherte und Arbeitgeber notwendiger Weise verschieden.[1]

Wählbarkeitsvoraussetzungen sind:[2]

1.) Zugehörigkeit zu einer Gruppe der Selbstverwaltungsorgane des Versicherungsträgers
2.) Volljährigkeit nach § 2 BGB
3.) Das Wahlrecht zum Deutschen Bundestag besitzt oder im Gebiet der Bundesrepublik Deutschland seit mindestens 6 Jahren eine Wohnung inne hat, sich sonst gewöhnlich aufhält oder regelmäßig beschäftigt oder tätig ist,
4.) Wohnort bzw. gewöhnlicher Aufenthalt im Bezirk des Versicherungsträgers bzw. nicht weiter als 100 Kilometer von der Bezirksgrenze entfernt im Geltungsbereich des SGB IV oder dort regelmäßig beschäftigt oder tätig ist,
5.) Als Arbeitgeber sind auch die gesetzlichen Vertreter, Geschäftsführer oder bevollmächtigte Betriebsleiter wählbar,
6.) Anstelle der Vertreter der Versicherten und Arbeitgeber sind wählbar sogenannte Beauftragte der Sozialpartner von Gewerkschaften, Arbeitgeberverbänden und berufsständischen Vereinigungen. Hier besteht jedoch eine Höchstgrenze.

Nicht wählbar sind folgende Personen:[3]

1.) wer infolge Richterspruchs das Wahlrecht nicht besitzt,
2.) derjenige, für den zur Besorgung aller seiner Angelegenheiten ein Betreuer nicht nur durch einstweilige Anordnung bestellt ist; dies gilt auch, wenn der Aufgabenkreis des Betreuers die in § 1896 Abs. 4 und § 1905 des Bürgerlichen Gesetzbuchs bezeichneten Angelegenheiten nicht erfasst,
3.) wer sich auf Grund einer Anordnung nach § 63 in Verbindung mit § 20 des Strafgesetzbuches in einem psychiatrischen Krankenhaus befindet.
4.) wer durch Richterspruch ausgeschlossen ist,
5.) in Vermögensverfall geraten ist,

---

[1] Vgl. D. Leopold; Die Selbstverwaltung in der Sozialversicherung, Asgard-Verlag; 5. Auflage; S. 140
[2] Vgl. SGB; Beck-Texte im dtv; § 51 I - IV SGB IV; Stand: 32. Auflage aus 2005
[3] Vgl. SGB; Beck-Texte im dtv; § 51 VI u. VII SGB IV; Stand: 32. Auflage aus 2005 sowie Bundeswahlgesetz (BWG) in der Fassung der Bekanntmachung vom 23. Juli 1993 (BGBl. I S. 1288, 1594), zuletzt geändert durch Artikel 11 Nr. 2 des Gesetzes vom 30. Juli 2004 (BGBl. I S. 1950); § 13 BWG

6.) wer seit der letzten Wahl von seinem Amt wegen grober Pflichtverletzung enthoben wurde,

7.) Beschäftigte des Versicherungsträgers bzw. der Aufsichtsbehörden,

8.) für den Versicherungsträger freiberuflich Tätige

9.) soweit dies in der Satzung geregelt ist, derjenige der seine fälligen Beiträge nicht bezahlt hat.

10.)

4.3.3. Die Sozialwahl

Anders als bei den staatlichen und kommunalen Wahlen kommt es in der Sozialversicherung aber nicht auf jeden Fall zu einer echten Wahlhandlung.[1] Reichen die Mitglieder einer Gruppe, etwa die Gewerkschaften, nur eine Vorschlagsliste ein oder werden auf mehreren Vorschlagslisten insgesamt nicht mehr Kandidaten benannt, als Organmitglieder zu wählen sind, gelten die vorgeschlagenen Kandidaten ohne weitere Wahlhandlung als gewählt. Eine solche „**Friedenswahl**" ist in der Praxis nicht selten. 1999 wurde nur bei 15 von insgesamt etwa 550 Versicherungsträgern gewählt, so bei der BfA und 6 von 13 Ersatzkassen, und dass auch nur auf der Versichertenseite. Die Arbeitgeber hatten sich überall auf gemeinsame Vorschlagslisten geeinigt. Der Einigung auf eine Vorschlagsliste geht innerhalb einer Gruppe ein demokratischer Willensbildungs- und Entscheidungsprozess voraus, so dass in der Regel durchaus eine ausreichende regionale, branchenmäßige und fachliche

Ausgewogenheit erzielt wird. Da die Sozialversicherungswahlen nicht „flächendeckend" bei allen Sozialversicherungsträgern stattfinden, erreichen sie nicht die Bedeutung staatlicher Wahlen.[2]

---

[1] Anm. des Verfassers. Grundsätzlich sieht § 54 SGB IV die Durchführung der Wahl durch briefliche Stimmabgabe vor.

[2] BMGS; Organisation und Selbstverwaltung; http://www.bmgs.bund.de/downloads/u_soz_r_02OrganisationSelbstverwaltung.pdf; Stand 26.06.2005; S. 19

Sozialversicherungswahlen ab 1968 in Zahlen						
Wahljahr	1968	1974	1980	1986	1993	1999
Zahl der Träger, ca.	2100	1800	1600	1300	1400	550
davon gewählt bei	52	38	49	35	27	15
Wahlberechtigte in Mio.	28,9	23,3	32,8	35,3	45,6	46,9
Abgegebene Stimmen in Mio.	5,6	10,3	14,4	15,5	19,8	18,0
Wahlbeteiligung in %	28	44	44	44	43	43

Abbildung 5;   Sozialversicherungswahlen ab 1968 in Zahlen;
eigene Darstellung[1]

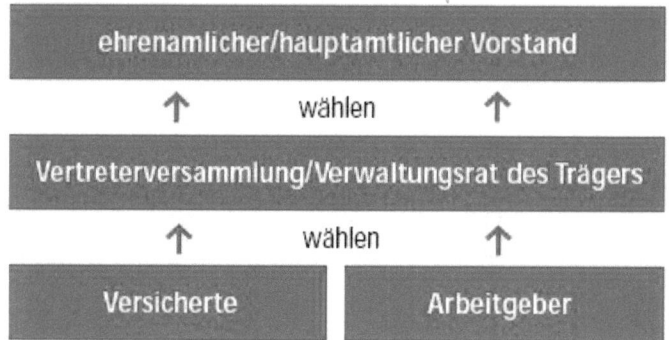

Abbildung 6;   Wahlverfahren zur Selbstverwaltung / zu den Organen der GKV[2],[3]

Die Wahlen werden nach den Grundsätzen der freien, geheimen, allgemeinen und gleichen Wahl abgehalten. Jedoch werden z.B. bei neu errichteten Versicherungsträgern

---

[1] Ebd. S 19
[2] Soziale Selbstverwaltung – dabei sein wenn entschieden wird; DGB; März 2004
[3] Anm. des Verfassers: Beachte hier auch Tabelle 3; Seite 14 dieser Abhandlung

auch besondere Wahlen abgehalten, die sodann aber auch frei, geheim und gleich sind.

Die Versicherten und Arbeitgeber wählen die Vertreter ihrer Gruppen getrennt auf Grund von Vorschlagslisten.[1] Insoweit erfolgt keine direkte Wahl. Das Wahlergebnis wird nach dem Höchstzahlverfahren d'Hondt ermittelt. Es gilt die 5-Prozent Klausel.[2]

Höchstzahlverfahren d'Hondt

Anzahl zu vergebender Plätze: 12
Liste A erhielt St   22625
Liste B erhielt St   14325
Liste C erhielt St   3125

Liste A	Platz	Liste B	Platz	Liste C	Platz	Teiler
22625	1	14325	2	3125	12	: 1
11313	3	7163	5	1563	-	: 2
7542	4	4775	7	1042	-	: 3
5656	5	3584	10	781	-	: 4
4525	8	2865	-	625	-	: 5
3771	9	2388	-	521	-	: 6
3232	11	2046	-	446	-	: 7
2828	-	1791	-	391	-	: 8
7 Sitze		4 Sitze		1 Sitz		

Abbildung 7; Höchstzahlverfahren d'Hondt, eigene Darstellung[3]

Das Ergebnis der Wahl zu den Selbstverwaltungsorganen soll unverzüglich durch den Wahlausschuss (vgl. § 53 SGB IV) festgestellt und öffentlich bekannt gegeben werden. Der Wahlausschuss benachrichtigt die gewählten Bewerber und teilt ihnen mit, dass sie zu der ersten Sitzung der Vertreterversammlung oder des Verwaltungsrates mindestens einen Monat vorher geladen werden.

Der Bundeswahlbeauftragte bzw. der Landeswahlbeauftragte sowie die zuständige Aufsichtsbehörde erhält eine Abschrift der Bekanntmachung.[1]

---

[1] Vgl. SGB; Beck-Texte im dtv; § 46 SGB IV; Stand: 32. Auflage aus 2005
[2] Vgl. . D. Leopold; Die Selbstverwaltung in der Sozialversicherung, Asgard-Verlag; 5. Auflage; S. 150-152, 156
[3] Ebd. S 156

4.4. Aufgaben des Verwaltungsrates

Mit dem Gesundheitsstrukturgesetz (GSG) wurden die rechtlichen Grundlagen für die Organisationsstrukturen der Krankenkassen verändert. Die Einführung des Risikostrukturausgleiches (RSA) und damit einhergehend die Gewährung umfangreicher Wahlrechte für die Versicherten ergaben neue Anforderungen an die Führung der Krankenkassen.[2] Deshalb *wurde* die Organisation der Selbstverwaltung in der GKV geändert. Ehrenamtlicher Vorstand und Vertreterversammlung wurden zu einem Gremium – dem Verwaltungsrat zusammengefasst (eingleisiges Organsystem). Dieser bestellt einen hauptamtlichen Vorstand.[3] Wie bereits unter Kapitel 3 ausgeführt, gilt dies jedoch nicht für die See-Krankenkasse, landwirtschaftliche Krankenkasse sowie für die knappschaftliche Krankenkasse. Diese bedienen sich im Zuge der Organleihe der Selbstverwaltung der Sozialversicherungsträger, bei denen diese Kassen errichtet sind. Im Folgenden wird die Aufgabenstellung des Verwaltungsrates dargelegt.

1.)   <u>Satzungsrecht</u>

Der Verwaltungsrat beschließt die Satzung sowie sonstiges autonomes Recht. Die Inhalte der Satzung, über dessen der Verwaltungsrat zu entscheiden hat, sind in § 194 SGB V für die Kassenebene, in § 210 SGB V für die Landesverbandsebene sowie in § 216 SGB V i.V.m. § 210 SGB V geregelt. Der Selbstverwaltung obliegt hier u. a. ein Gestaltungsrecht betreffend Art und Umfang der Leistungen, soweit nicht vom Gesetz bestimmt, sowie der Höhe, Fälligkeit und Zahlung der Beiträge. Im Weiteren wird auf die in den o.g. Rechtsquellen erfolgten Aufzählungen verwiesen.[4] Für die von den Krankenkassen besoldeten Angestellten, die nicht nach Landesrecht staatliche

---

[1] Vgl. Wahlordnung für die Sozialversicherung (SVWO) vom 28. Juli 1997 (BGBl. I S. 1946) i.d.F. der Achten Zuständigkeitsanpassungsverordnung vom 25. November 2003 (BGBl. I S. 2304); § 61 u. 79 SVWO

[2] Vgl. IKK Bundesverband; Die Strukturreform der Selbstverwaltung im IKK-System – Grundlagen – Aufgaben – Instrumente; IKK-Bundesverband 1994

[3] Vgl. Bundestagsdrucksache 12/3608; S. 75; www.parlamentsspiegel.de

[4] Vgl. SGB; Beck-Texte im dtv; Stand: 32. Auflage aus 2005

oder gemeindliche Beamte sind, wird eine Dienstordnung aufgestellt.[1] Dem Verwaltungsrat obliegt die Zustimmung zu der vom hauptamtlichen Vorstand aufgestellten Dienstordnung.[2]

2.)   Angelegenheiten des hauptamtlichen Vorstandes

Der Verwaltungsrat wählt den hauptamtlichen Vorstand. Bei einem mehrköpfigen Vorstand wählt er ebenfalls einen Vorstandsvorsitzenden. Besteht der Vorstand aus einer Person, beauftragt der Verwaltungsrat einen leitenden Beschäftigten der Krankenkasse mit dessen Stellvertretung.[3] Er vertritt die Krankenkasse gegenüber dem Vorstand.[4] Ferner überwacht der Verwaltungsrat den hauptamtlichen Vorstand betreffen der ordnungsgemäßen Aufgabenerfüllung.[5] Dazu steht ihm ein Prüf- und Einsichtsrecht in alle Geschäfts- und Verwaltungsunterlagen zu.[6] Ferner entscheidet der Verwaltungsrat über die Amtsenthebung[7] bzw. Amtsentbindung[8] des Vorstandes.[9]

3.)   Entscheidungen von grundsätzlicher Bedeutung

Der Verwaltungsrat hat alle Entscheidungen zu treffen, die für den Versicherungsträger von grundsätzlicher Bedeutung sind.[10]
Hierbei handelt es sich insbesondere um Leitentscheidungen, deren Ausgestaltung im Konkreten dem Vorstand obliegen. Hierzu können zählen:[1]

---

[1] Vgl. RVO; § 351 i.V.m. 355 RVO; http://www.sidiblume.de/info-rom/arb_re/sgb/rvo.htm Stand 29.04.2005
[2] Ebd. § 355 RVO i.V.m. § 33 Abs. 3 Satz 2 SGB IV in SGB; Beck-Texte im dtv; Stand: 32 Auflage aus 2005
[3] Vgl. SGB; Beck-Texte im dtv; § 35 a SGB IV; Stand: 32. Auflage aus 2005
[4] Vgl. SGB; Beck-Texte im dtv; § 197 I Nr. 4 SGB V; Stand: 32. Auflage aus 2005
[5] Vgl. SGB; Beck-Texte im dtv; § 197 I Nr. 1a SGB V; Stand: 32. Auflage aus 2005
[6] Vgl. SGB; Beck-Texte im dtv; § 197 II SGB V; Stand: 32. Auflage aus 2005
[7] Anm. des Verfassers: Eine Amtsenthebung erfolgt nach § 59 II SGB IV, wenn ein wichtiger Grund vorliegt oder die Wählbarkeitsvoraussetzungen nicht mehr vorliegen.
[8] Anm. des Verfassers: Eine Amtsentbindung erfolgt nach § 59 III SGB IV, wenn der Vorstand in grober Weise gegen seine Amtspflichten verstößt.
[9] Vgl. SGB; Beck-Texte im dtv; § 35 a VII SGB IV; Stand: 32. Auflage aus 2005
[10] Vgl. SGB; Beck-Texte im dtv; § 197 I Nr. 1b SGB V; Stand: 32. Auflage aus 2005

o Leitlinien zur Gesundheits- und Sozialpolitik als Hauptaufgabe der Kasse bzw. des Verbandes,

o grundsätzliche Festlegungen zur Geschäftspolitik. Hierunter ist auch die Strategie zur Beitragssatzpolitik und Haushaltspolitik zu verstehen,

o Leitlinien für die Strategie in der Vertragspolitik,

o Leitlinien für Personalentscheidungen,

o u.a.

4.) Budgetrecht

Das Budgetrecht räumt dem Verwaltungsrat die Finanzhoheit über die Krankenkasse ein. Er beschließt über die Feststellung des Haushaltsplanes.[2] In diesem Zusammenhang obliegt dem Verwaltungsrat auch die Entlastung des Vorstandes wegen der Jahresrechnung.[3]

5.) Investitionsentscheidungen

Der Verwaltungsrat hat über den Erwerb, die Veräußerung oder die Belastung von Grundstücken sowie über die Errichtung von Gebäuden zu beschließen.[4]

6.) Organisation der Krankenkasse

Entscheidungen betreffend der Auflösung der Krankenkasse oder die freiwillige Vereinigung mit anderen Krankenkassen trifft der Verwaltungsrat.

---

[1] Vgl. IKK Bundesverband; Die Strukturreform der Selbstverwaltung im IKK-System – Grundlagen – Aufgaben – Instrumente; IKK-Bundesverband 1994
[2] Vgl. . D. Leopold; Die Selbstverwaltung in der Sozialversicherung, Asgard-Verlag; 5. Auflage; S. 150-152, 156
[3] Vgl. SGB; Beck-Texte im dtv; § 197 I Nr. 3 SGB V; Stand: 32. Auflage aus 2005
[4] Vgl. SGB; Beck-Texte im dtv; § 197 I Nr. 5 SGB V; Stand: 32. Auflage aus 2005

7.) Eigenorganisation des Verwaltungsrates

Das Selbstverwaltungsorgan gibt sich eine Geschäftsordnung.[1] Aus seiner Mitte wählt der Verwaltungsrat einen Vorsitzenden sowie einen stellvertretenden Vorsitzenden.[2] Ferner wählt der Verwaltungsrat die Mitglieder in die nach

o § 197 Abs. 3 SGB V zu bildenden Fachausschüsse (z.b. Vertragspolitik),

o § 66 Abs. 1 SGB IV zu bildenden Erledigungsausschüsse (z.b. Personalangelegenheiten des Vorstandes),

o § 36a Abs. 1 Satz 1 Nr. 1 SGB IV zu bildenden Widerspruchsausschuss.

Ferner ist der Verwaltungsrat in Angelegenheiten der Amtsentbindung und Amtsenthebung eigener Organmitglieder sowie deren Ergänzung zuständig.[3]

8.) Festsetzung der Entschädigung für die ehrenamtliche Organtätigkeit[4]

Dem Vorsitzenden des Verwaltungsrates obliegt im Benehmen mit seinem Stellvertreter insbesondere:

1.) Beanstandung von gesetz- und satzungswidrigen Beschlüssen,[5]
2.) Aufforderung zur Einreichung von Vorschlägen bei Ergänzung des Verwaltungsrates,[6]
3.) Anzeige und Benachrichtigung über das Ergebnis der Wahl und über Änderung der Zusammensetzung des Verwaltungsrates an den Wahlausschuss,[7]

Da Träger der Pflegeversicherung die Pflegekasse ist, und diese bei jeder Krankenkasse errichtet wird, sieht das SGB XI eine Organleihe vor. Mithin nimmt der Verwaltungsrat der Krankenkasse ebenfalls die Aufgaben für die Pflegeversicherung war.[8] Soweit die Krankenkasse auch den Ausgleich der Arbeitgeberaufwendungen nach dem Lohnfortzahlungsgesetz durchführt (Lohnausgleichskasse), wirken in diesen Angelegenheiten in den Organen der Selbstverwaltung nur die Vertreter der Arbeitgeber mit.[9]

---

[1] Vgl. SGB; Beck-Texte im dtv; § 63 I SGB IV; Stand: 32. Auflage aus 2005
[2] Vgl. SGB; Beck-Texte im dtv; § 62 I SGB IV; Stand: 32. Auflage aus 2005
[3] Vgl. SGB; Beck-Texte im dtv; § 58 u. 60 SGB IV; Stand: 32. Auflage aus 2005
[4] Vgl. SGB; Beck-Texte im dtv; § 41 SGB IV; Stand: 32. Auflage aus 2005
[5] Vgl. SGB; Beck-Texte im dtv; § 38 i.V.m. § 33 III SGB IV; Stand: 32. Auflage aus 2005
[6] Vgl. SGB; Beck-Texte im dtv; § 60 i.V.m. § III S. 3 SGB IV; Stand: 32. Auflage aus 2005;
[7] Vgl. Wahlordnung für die Sozialversicherung (SVWO) vom 28. Juli 1997 (BGBl. I S. 1946) i.d.F. der Achten Zuständigkeitsanpassungsverordnung vom 25. November 2003 (BGBl. I S. 2304); § 79 SVWO
[8] Vgl. SGB; Beck-Texte im dtv; § 46 SGB XI; Stand: 32. Auflage aus 2005
[9] Vgl. Gesetz über die Fortzahlung des Arbeitsentgelts im Krankheitsfalle, Lohnfortzahlungsgesetz (LFzG); § 16 IV LFzG,

5. Das GKV-System als selbstverwaltete mittelbare Staatsverwaltung

Neben den gesetzlichen Krankenkassen als Träger der gesetzlichen Krankenversicherung[1] sind im kostenträgerseitigen System der GKV weitere Akteure an dessen Ausgestaltung im Zuge selbstverwalteter mittelbarer Staatsverwaltung involviert. Im Folgenden werden diese vorgestellt und ihre Aufgaben dargelegt. Die Leistungserbringerseite (z.b. kassenärztliche Vereinigungen) wird nicht behandelt.

5.1. Die gesetzlichen Krankenkassen

Organe der gesetzlichen Krankenkassen als Selbstverwaltungskörperschaften sind:

o der Verwaltungsrat als Selbstverwaltungsorgan (vgl. Kapitel 4),

o der hauptamtliche Vorstand, der die Kasse gerichtlich und außergerichtlich vertritt (§35a SGB IV[2]).

Die Krankenkassen haben den Versicherten durch Aufklärung, Beratung und Leistungen zu helfen und auf gesunde Lebensverhältnisse hinzuwirken.[3]

Sie versorgen die Versicherten mit Leistungen der Prävention, Kuration und Rehabilitation sowie Leistungen bei Schwangerschaft.[4]

Die Landes- und Bundesverbände unterstützen ihre Mitglieder und Mitgliedskassen bei der Erfüllung ihrer Aufgaben und bei der Wahrnehmung ihrer Interessen im gesetzlichen Rahmen.[5]

---

[1] Die Krankenversicherung als Solidargemeinschaft hat die Aufgabe, die Gesundheit der Versicherten zu erhalten, wiederherzustellen oder ihren Gesundheitszustand zu bessern. Die Versicherten sind für ihre Gesundheit mitverantwortlich; sie sollen durch eine gesundheitsbewusste Lebensführung, durch frühzeitige Beteiligung an gesundheitlichen Vorsorgemaßnahmen sowie durch aktive Mitwirkung an Krankenbehandlung und Rehabilitation dazu beitragen, den Eintritt von Krankheit und Behinderung zu vermeiden oder ihre Folgen zu überwinden. (Vgl. SGB; Beck-Texte im dtv; § 1 Sätze 1 u. 2 SGB V; Stand: 32. Auflage aus 2005)

[2] Vgl. SGB; Beck-Texte im dtv; Stand: 32. Auflage aus 2005

[3] Vgl. SGB; Beck-Texte im dtv; § 1 Satz 3 SGB V; Stand: 32. Auflage aus 2005

[4] Vgl. SGB; Beck-Texte im dtv; § 21 I SGB IV; Stand: 32. Auflage aus 2005

[5] Vgl. SGB; Beck-Texte im dtv; §§ 211 u. 217 SGB V; Stand: 32. Auflage aus 2005

5.2. Arbeitsgemeinschaft der Spitzenverbände der Krankenkassen

Die Arge ist ein Zusammenschluss der Spitzenverbände der Krankenkassen mit dem Ziel gegenseitiger Information und Beratung sowie gemeinsamer Positionierung als selbstverwaltete Organisationen der Kranken- und Pflegeversicherung, insbesondere zu aktuellen Gesetzes- und Verordnungsvorhaben und im Verhältnis zu Vertragspartnern. Gegenstand der Beratungen sind auch gemeinsame Projekte und Einrichtungen (z. B. der Medizinische Dienst der Spitzenverbände der Krankenkassen e. V.).[1]

a. Arbeitskreis I

Arbeitskreis der Vorsitzenden der Selbstverwaltungsorgane. Aufgaben des AK I sind insbesondere die Erstellung von Leitlinien zur Sozial- und Gesundheitspolitik, gemeinsame Stellungnahmen zu aktuellen Gesetzes- und Verordnungsvorhaben und die Beratung von Fragen der Selbstverwaltung.[2]

b. Arbeitskreis II

Arbeitskreis der Geschäftsführungsorgane. Aufgaben des AK II sind insbesondere die gegenseitige Information und die Beratung von gemeinsamen Problemen, z. B. der Kostenentwicklung, des Verhältnisses zu Vertragspartnern, der Aufgaben in der Datenverarbeitung und die Durchführung gemeinsamer Forschungsprojekte. Bei Bedarf kann der AK II Ausschüsse einsetzen. Beschlüsse des AK I und AK II bedürfen der Einstimmigkeit. Jeder Spitzenverband hat eine Stimme.[3]

c. Beschlussgremium

Das Gremium beschließt die von den Spitzenverbänden der Krankenkassen nach dem Sozialgesetzbuch "einheitlich und gemeinsam" zu treffenden Regelungen, z. B. Festsetzung von Arzneimittelfestbeträgen, Erstellung und Fortschreibung des

---

[1] Vgl. Homepage: http://www.g-k-v.com/print.php?side=37 ; Stand 08.04.2005; sowie Vgl. SGB; Beck-Texte im dtv; § 213 SGB V; Stand: 32. Auflage aus 2005
[2] Ebd.
[3] Ebd.

5.4. Gemeinsamer Bundesausschuss[1]

Der Gemeinsame Bundesausschuss (G-BA) ist ein Gremium der Gemeinsamen Selbstverwaltung von Ärzten, Krankenhäusern und Krankenkassen. Während der Gesetzgeber den Rahmen vorgibt, ist es die Aufgabe der Selbstverwaltung, diesen Rahmen auszufüllen und für die alltagspraktische Umsetzung der gesetzlichen Vorgaben zu sorgen. Die gesetzliche Grundlage für diese Aufgabenübertragung auf den G-BA findet sich in § 92 SGB V. Aufgabe des Gemeinsamen Bundesausschusses ist es, zu konkretisieren, welche ambulanten oder stationären Leistungen ausreichend, zweckmäßig und wirtschaftlich sind. Die vom G-BA beschlossenen Richtlinien haben den Charakter untergesetzlicher Normen, d.h., sie gelten für die gesetzlichen Krankenkassen, deren Versicherte und die behandelnden Ärzte sowie andere Leistungserbringer verbindlich.

Entscheidungen werden im G-BA von Leistungserbringern (den Ärzten, Psychotherapeuten und Krankenhäusern) und Kostenträgern (den Krankenkassen) herbeigeführt. Diese „Bänke" beraten gemeinsam mit Patientenvertretern über die medizinisch notwendige und sinnvolle Versorgung einerseits und den wirtschaftlichen Umgang mit den in der Gesetzlichen Krankenversicherung zur Verfügung stehenden Finanzmitteln andererseits. Der Ausschuss hat einen neutralen Vorsitzenden und zwei weitere neutrale Mitglieder, die weder der einen noch der anderen Bank angehören und somit unparteiisch zur Entscheidungsfindung beitragen.

5.5. Medizinischer Dienst der Krankenkassen[2]

Der Medizinische Dienst der Krankenversicherung (MDK) ist der sozialmedizinische Beratungs- und Begutachtungsdienst der gesetzlichen Kranken- und Pflegeversicherung. Das Aufgabenspektrum der Medizinischen Dienste für die gesetzlichen Kranken- und Pflegekassen ist breit gefächert. Es umfasst die patientenorientierte Einzelfallbegutachtung wie auch die Beratung in Grundsatzfragen der medizinischen

---

[1] Vgl. http://www.g-ba.de/cms/front_content.php?idcat=175#8 ; Stand : 01.05.2005
[2] Vgl. Homepage des MDK : http://www.mdk.de/index2.html ; Stand: 01.05.2005

und pflegerischen Versorgung. Die Krankenkassen ziehen den MDK im Einzelfall zu Rate, wenn es um die Bearbeitung schwieriger medizinischer Fragestellungen geht. Im Einzelnen sind die Aufgaben des MDK in § 275 SGB V beschrieben.

Hierzu gehören Stellungnahmen für die Krankenkassen bei Fragen zur:

1. Arbeitsunfähigkeit
2. Notwendigkeit, Art, Umfang und Dauer von Rehabilitationsleistungen bzw. -maßnahmen
3. Verordnung von Arznei-, Verband-, Heil- und Hilfsmitteln
4. Notwendigkeit und Dauer einer Krankenhausbehandlung
5. Notwendigkeit und Dauer von häuslicher Krankenpflege

Die Entscheidung über eine Leistung liegt aber stets bei den Kranken- und Pflegekassen. Die Gutachter und Gutachterinnen des MDK greifen nicht in die ärztliche Behandlung ein.Darüber hinaus beraten die Medizinischen Dienste die gesetzlichen Krankenkassen und ihre Verbände in grundsätzlichen Fragen der präventiven, kurativen und rehabilitativen Versorgung sowie bei der Gestaltung der Leistungs- und Versorgungsstrukturen.

Hierzu gehören unter anderem:

1. Die Qualitätssicherung in der ambulanten und der stationären Versorgung
2. Die Krankenhausplanung
3. Die Weiterentwicklung der Vergütungssysteme in der ambulanten und der stationären Versorgung
4. Die Wirksamkeit und Wirtschaftlichkeit neuer Untersuchungs- und Behandlungsmethoden

Außerdem unterstützt der Medizinische Dienst die Krankenkassen bei Vertragsverhandlungen mit den Leistungserbringern und nimmt an den Beratungen der gemeinsamen Ausschüsse von Ärzten und Krankenkassen teil.

Träger des MDK sind die gesetzlichen Krankenkassen: Die jeweilige Landes-AOK, die Landesverbände der Betriebs- und Innungskrankenkassen, die landwirtschaftlichen

Krankenkassen und die Verbände der Ersatzkassen (VdAK und AEV) haben in jedem Bundesland gemeinsam die Arbeitsgemeinschaft "Medizinischer Dienst der Krankenversicherung" gegründet. Der MDK untersteht der Aufsicht des zuständigen Sozialministeriums im jeweiligen Bundesland.

Die Rechtsform des MDK ist in den neuen Bundesländern der eingetragene Verein, in den Altbundesländern die einer Körperschaft des öffentlichen Rechts. Eine Ausnahme bildet der MDK Berlin, der mit dem MDK Brandenburg fusionierte und seinen Körperschaftsstatus aufgegeben hat.

Die Organe des MDK, also die Entscheidungsgremien, sind der Verwaltungsrat und der Geschäftsführer. Die Mitglieder des Verwaltungsrates werden von den Verwaltungsräten der Krankenkassenverbände benannt. Der Verwaltungsrat hat unter anderem die Satzung zu erlassen, die Richtlinien für die Arbeit des MDK festzulegen, den Haushaltshaltsplan festzustellen und den Geschäftsführer zu wählen.

Der Geschäftsführer führt die Geschäfte des MDK entsprechend den Vorgaben des Verwaltungsrates. Er stellt den Haushaltsplan auf und vertritt den MDK gerichtlich und außergerichtlich.

6. Schlussbetrachtung

Die Selbstverwaltung hat eine weitreichende Historie, die bis weit vor die bismarckschen Sozialgesetzgebung reicht. Das Rechtsinstitut der sozialen Selbstverwaltung als Leitprinzip der GKV ist als ehrenamtliche Verwaltung wie auch als korporative Verbandsverwaltung organisiert und wird der mittelbaren Staatsverwaltung zugerechnet.

Die Träger der GKV sind Körperschaften des öffentlichen Rechts, deren Selbstverwaltung sich aus den Sozialpartnern von Arbeitnehmer und Arbeitgeber zusammensetzt. Sie – die Krankenkassen – erlangen zwar Rechtsfähigkeit mit ihrer Errichtung, besitzen aber keinen verfassungsmäßigen Bestandsschutz. Somit steht dem Gesetzgeber auch die Möglichkeit zu, die GKV in ein System der unmittelbaren Staatsverwaltung zu überführen. Insbesondere in Zeiten knapper Kassenlage wird die Forderung einer Einheitsversicherung immer größer.

Die Historie hat jedoch gezeigt, dass das System der korporativen, selbstverwalteten GKV dann am bürgernächsten operieren im Stande war, wenn der Staat nicht zu weit regulierend einwirkte. Der gestaltende Bereich, den die Selbstverwaltung derzeit übernimmt, verbunden mit den sich erweiterten Wahlrechten und dem Zwang zu mehr Wirtschaftlichkeit und Innovation, wird eine zukunftsweisende Aufgabe sein, den die – gemeinsame – Selbstverwaltung meistern muss.

7. Literaturverzeichnis

1. BMGS; Organisation und Selbstverwaltung; http://www.bmgs.bund.de/downloads/u_soz_r_02OrganisationSelbstverwaltung.pdf ; Stand 26.06.2005
2. Bundestagsdrucksache 12/3608; www.parlamentsspiegel.de
3. Bundeswahlgesetz (BWG) in der Fassung der Bekanntmachung vom 23. Juli 1993 (BGBl. I S. 1288, 1594), zuletzt geändert durch Artikel 11 Nr. 2 des Gesetzes vom 30. Juli 2004 (BGBl. I S. 1950)
4. D. Leopold; Die Selbstverwaltung in der Sozialversicherung, Asgard-Verlag; 5. Auflage
5. DGB; Soziale Selbstverwaltung – dabei sein, wenn entschieden wird; DGB; März 2004
6. EU VO 1408/71
7. Gesetz über die Fortzahlung des Arbeitsentgelts im Krankheitsfalle, Lohnfortzahlungsgesetz (LFZG)
8. IKK Bundesverband; Die Strukturreform der Selbstverwaltung im IKK-System – Grundlagen – Aufgaben – Instrumente; IKK-Bundesverband 1994
9. Robert W. Seegmüller, Der hauptamtliche Vorstand der gesetzlichen Krankenversicherung, Erich Schmidt Verlag
10. RVO - Reichsversicherungsordnung; http://www.sidiblume.de/inforom/arb_re/sgb/rvo.htm Stand 29.04.2005
11. Schreiben des BVA an bundesunmittelbare Träger der GKV v. 22.07.1994, Az. I 2-4927.4-1758/92
12. SGB V; Beck-Texte im dtv, 30. Auflage
13. Wahlordnung für die Sozialversicherung (SVWO) vom 28. Juli 1997 (BGBl. I S. 1946) i.d.F. der Achten Zuständigkeitsanpassungsverordnung vom 25. November 2003 (BGBl. I S. 2304)
14. World-Wide-Web-Quellen
15. http://www.baua.de
16. http://www.g-k-v.com
17. http://www.dvka.de
18. http://www.g-ba.de
19. http://www.mdk.de/index2.html

Hilfsmittelverzeichnisses. Die Spitzenverbände entsenden in das Beschlussgremium ihre verbandsintern dazu bestimmten Vertreter.[1]

5.3. Deutsche Verbindungsstelle Krankenversicherung-Ausland

Die Deutsche Verbindungsstelle Krankenversicherung-Ausland (DVKA) ist eine Gemeinschaftseinrichtung der deutschen gesetzlichen Krankenversicherung und versteht sich als Dienstleister und zuverlässiger Partner von Krankenkassen, deren Versicherten und Verbänden, anderen Sozialversicherungsträgern, sowie international agierenden Institutionen. Als internationales Bindeglied zwischen den Sozialversicherungssystemen erbringt sie umfassende Serviceleistungen im Rahmen der EG- und Abkommensregelungen mit über 40 Staaten. [2]

Aufgaben der DVKA sind insbesondere:

1. Vereinbarungen mit ausländischen Verbindungsstellen,
2. Kostenabrechnungen mit in- und ausländischen Stellen,
3. Festlegung des anzuwendenden Versicherungsrechts,
4. Koordinierung der Verwaltungshilfe in grenzüberschreitenden Fällen,
5. Information, Beratung und Aufklärung.[3]

Sie ist eine bundesunmittelbare Körperschaft des öffentlichen Rechts. Die DVKA wird getragen von den Spitzenverbänden der gesetzlichen Krankenkassen:[4]

Ihre Organe sind der Verwaltungsrat sowie die Geschäftsführung. Der Verwaltungsrat rekrutiert sich aus den hauptamtlichen Vorständen und Geschäftsführern der Spitzenverbände (Bundesverbände) der Krankenkassen. Der Verwaltungsrat bestellt die Mitglieder der Geschäftsführung.[5]

---

[1] Ebd.
[2] Vgl. Homepage der DVKA: http://www.dvka.de/oeffentlicheSeiten/Wer_wir_sind.html ; Stand: 01.05.2005
[3] SGB; Beck-Texte im dtv; § 219a SGB V; Stand: 32. Auflage aus 2005
[4] Vgl. Homepage der DVKA: http://www.dvka.de/oeffentlicheSeiten/Wer_wir_sind.html ; Stand: 01.05.2005
[5] SGB; Beck-Texte im dtv; § 219a/b SGB V; Stand: 32. Auflage aus 2005